Labores creativas para decorar la casa
en Navidad

Fabricantes

- Freudenberg KG Vertrieb Vlieseline, www.vlieseline.de
- Green Gate, Klampenborg (Dk), www.greengate.dk
- Gütermann AG Gutach/Breisgau www.guetermann.com
- KnorrPrandell GmbH, Lichtenfels www.knorrprandell.de
- Prym-Consumer GmbH, Stolberg www.prym-consumer.com
- Rayher Hobby GmbH, Laupheim www.rayher-hobby.de
- Lana Grossa, Gaimersheim www.lanagrossa.de
- Rico Design GmbH & Co. KG, Brakel www.rico-design.de

Editora: Eva Domingo

Publicado por primera vez en Alemania en 2012 por OZ Creativ, bajo el título: *Crafty Christmas!*, de Beate Mazek.

© 2012 *by* Christophorus Verlag GmbH & Co. KG, Freiburg, Alemania
© 2013 de la versión española
  by Editorial El Drac, S.L.
  Marqués de Urquijo, 34. 28008 Madrid.
  Tel: 91 559 98 32. Fax: 91 541 02 35.
  E-mail: info@editorialeldrac.com
  www.editorialeldrac.com

Fotografías: Uli Glasemann
Estilismo: Elke Reith
Patrones y plantillas: Carsten Bachmann
Diseño de cubierta: José María Alcoceba
Traducción: Cristina Rodríguez
Revisión técnica: Laia Jordana y Esperanza González

ISBN: 978-84-9874-346-3
Depósito legal: M-21.763-2013
Impreso en Gráficas Muriel, S.A.
Impreso en España – *Printed in Spain*

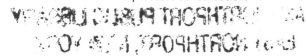

Labores creativas para decorar la casa en Navidad

Beate Mazek

DRAC

Introducción

Este libro gustará a todos los que disfrutan con las labores de costura y ganchillo. En él encontrarán objetos que harán más acogedora la estación invernal y también preciosas ideas para realizar regalos de Navidad.

De vez en cuando, obsequien a sus seres queridos con algo elaborado por ustedes mismos, como un bolso a cuadros, un calendario de Adviento con alegres colores o unos fantásticos mitones para la estación fría del año.

Pero lo más especial de este libro es la combinación de ¡telas y lana! Con técnicas de ganchillo básicas y sencillas aporte ese toque especial a los proyectos de costura.

Les deseo mucho éxito y que disfruten con las labores de costura y ganchillo.

Beate Mazek

Índice

Grados de dificultad de cada proyecto:

● = Fácil

●● = Medio

●●● = Un poco difícil

Materiales y herramientas

Agujas para coser a máquina

El grosor de la aguja depende de la tela y del grosor del hilo. En las instrucciones del fabricante de la máquina de coser se pueden encontrar las tablas correspondientes. Para telas finas, como batista, seda, tul y tafetán, se recomienda utilizar agujas finas; para las telas de algodón, agujas de grosor medio, y para telas fuertes para decoración o mobiliario, agujas más gruesas. Las agujas para coser a máquina son piezas que se desgastan y han de cambiarse. Si el hilo se rompe a menudo y las puntadas quedan irregulares, la causa puede estar en una aguja defectuosa.

Hilos

Conviene elegir siempre hilos de buena calidad para evitar que se rompan, se formen anillas y nudos molestos y salten las canillas. Los hilos sintéticos son irrompibles, se les suele llamar hilos "coselotodo" y prestan un buen servicio para empezar labores de costura. Junto a ellos están los hilos de algodón o los finos hilos de seda. El hilo de hilvanar lleva algodón en su composición y puede romperse fácilmente y desprenderse con rapidez.

Alfileres y agujas de coser a mano

Los alfileres son imprescindibles para fijar varias capas de tela. **Consejo:** prender los alfileres siempre en diagonal a la dirección de la costura para poder retirarlos con facilidad al coser la pieza. Es conveniente disponer de un surtido de agujas universales para hilvanar y realizar costuras a mano.

Regla de corte, cúter giratorio y alfombrilla de corte

Las piezas de tela con cantos rectos y rayas se cortan muy bien y con rapidez con este tipo de herramientas. Pero como son relativamente caras, solo merece la pena adquirirlas si se cose a menudo.

Cinta métrica y jaboncillo de sastre

La cinta métrica es indispensable para realizar trabajos de costura precisos. Los patrones se dibujan en la tela con el jaboncillo de sastre, que desaparece con el tiempo, aunque es recomendable utilizarlo sobre el revés de las telas.

Materiales básicos

- Máquina de coser
- Hilo de coser adecuado
- Hilo de hilvanar
- Agujas de coser, alfileres
- Tijeras para tela, tijeras para papel
- Papel, lápiz
- Regla, cinta métrica
- Jaboncillo de sastre
- Plancha, paño para planchar
- Alfombrilla de corte

Consejo

Los materiales básicos no vuelven a nombrarse en las instrucciones de cada proyecto.

Glosario de costura

Cuánta tela utilizar

La cantidad de tela necesaria viene indicada en todos los proyectos, teniendo en cuenta que las telas encogen un 3-5%. El ancho se corresponde con la oferta habitual en los comercios (de 140 cm, a veces también de 150 cm) o se indica la medida necesaria exacta para poder ver de un vistazo si un retal de tela puede ser suficiente.

Derecho y revés de la tela

Todas las telas tienen un lado del derecho y otro del revés. El derecho se corresponde con el lado exterior de la tela. En las telas estampadas este se reconoce fácilmente, pues el dibujo se ve con más nitidez. Cuando se alinea una tela derecho con derecho, el lado exterior de la tela (derecho) queda por dentro y el lado del revés de la tela (el "menos bonito") queda por fuera. Cuando se alinea una tela revés con revés, el lado derecho queda por fuera y el lado del revés por dentro.

Dirección del hilo de la tela

Los tejidos se componen de hilos de urdimbre (discurren a lo largo) e hilos de trama (discurren a lo ancho). La dirección del hilo de la tela se corresponde con la dirección de los hilos de urdimbre y en general va paralela al orillo o canto rematado del tejido. El corte debe realizarse siempre en el sentido de la dirección del hilo de la tela, para que esta no se dé de sí. En caso de que la tela no presente dirección del hilo, como ocurre por ejemplo en las telas de algodón para fijar bastidores, se puede cortar a lo largo de los hilos de trama para ahorrar tela, pero nunca en diagonal.

Doblez de la tela

En una capa de tela en doble, se crea una línea de pliegue denominada doblez de la tela. En un patrón, el doblez de la tela marca el centro de una pieza de tela y se representa generalmente con una línea discontinua. La tela se dobla por esa línea y el canto del patrón correspondiente se coloca encima, sin margen de costura. En esta zona no se realiza ninguna costura.

Entretela termoadhesiva

Este material proporciona forma y sujeción a las telas. Hay entretelas termoadhesivas de diferentes grosores; aportan rigidez a la tela una vez aplicadas con la plancha. Las entretelas termoadhesivas por una cara presentan solo un lado adhesivo (el revés), que por lo general suele ser un poco rugoso y brilla ligeramente. Colocar ese lado sobre el revés de la tela. Después cubrir la entretela termoadhesiva con un paño y planchar siguiendo las instrucciones del fabricante. Las instrucciones de la temperatura de la plancha suelen venir impresas en la entretela. El trabajo con entretela termoadhesiva de doble cara se puede encontrar en el apartado Aplicaciones de la página 9.

Hilvanar y prender con alfileres

Se recomienda fijar las piezas de tela con alfileres o con un hilván rápido a mano. De este modo, las piezas no se mueven ni se crean arrugas al coser la tela. **Atención:** prender los alfileres en la tela en diagonal a la dirección de la costura e ir retirándolos uno a uno mientras la costura avanza, pues de lo contrario la aguja puede romperse.

Lavar y planchar

Antes de empezar a coser, es recomendable lavar la tela para evitar que luego encoja. Planchar la tela antes de comenzar la costura y entre los diferentes pasos del trabajo. Al planchar las telas delicadas, cubrirlas siempre con un paño limpio.

Margen de costura

Al coser una tela muy cerca del canto, la costura y la tela se desgarran con facilidad. Por eso, en general, al cortar las piezas de tela se añade 1 cm de margen de costura. En los patrones de los modelos del libro se ha incluido el margen de costura.

Tensión del hilo

Se debe regular la tensión del hilo en la máquina de coser dependiendo del tipo de tela; así se evita la formación de nudos y anillas. Se recomienda realizar primero una pequeña costura de prueba.

Técnicas básicas de costura

Rematar el margen de costura

Conviene rematar los márgenes de costura para evitar que las costuras se deshilachen. Para los remates se recomienda el punto en zigzag o utilizar una máquina de coser del tipo *overlocker*. En caso de que los dos márgenes de costura de una misma costura deban rematarse por separado, es mejor rematarlos antes de realizar la costura. Si los márgenes de costura se rematan juntos, primero se cierra la costura y luego se rematan los dos cantos juntos con una costura en zigzag.

Sellar las costuras

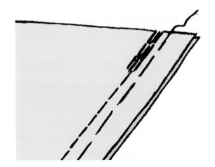

Cada costura debe rematarse al inicio y al final para que no se deshaga; esto se denomina "sellar" las costuras. Al comenzar la costura, hacer tres o cuatro puntadas, presionar el botón de retromarcha de la máquina de coser y volver a coser hacia atrás otras tres o cuatro puntadas más. Luego hacer la costura completa hacia delante. Al final, asegurar la costura realizando tres o cuatro puntadas hacia atrás.

Dar la vuelta a costuras rectas

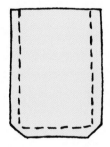

Colocar las dos piezas de tela alineadas derecho con derecho y coserlas con una costura recta. Después de dar la vuelta a la pieza, el derecho de las dos telas quedará por el exterior y los márgenes de costura estarán ocultos por el interior. Antes de dar la vuelta a la pieza, se recomienda recortar en diagonal los márgenes de costura de las esquinas para que adquieran mejor forma.

Dar la vuelta a costuras en curva

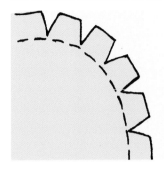

En telas que presentan costuras en curva, antes de dar la vuelta a la pieza es necesario realizar pequeños cortes en el margen de costura, llegando casi a 1 mm de la costura. De este modo, el canto curvado adquiere una bonita forma plana después de dar la vuelta a la pieza de tela.

Estrechar esquinas

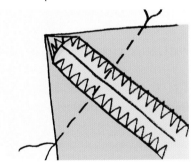

Doblar la esquina de modo que se forme en la punta un triángulo en el que la costura sea el centro. Pespuntear este triángulo en diagonal a la costura. En las instrucciones se indica siempre la altura del triángulo que se ha de estrechar; esa altura se mide a lo largo de la costura existente.

Coser puntillas

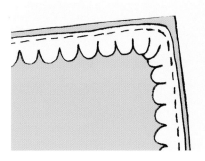

Colocar la puntilla sobre la tela, derecho con derecho, con el lado recto de la puntilla sobre el canto de la tela. Después coser la puntilla y la tela juntas, dejando la distancia del canto indicada, rematar los márgenes de costura y, planchar plegado del revés. Para terminar, pespuntear la tela según se indica en las instrucciones. En las zonas en curva y en las esquinas, sujetar la puntilla por el canto exterior y estirarla por el canto interior para que quede lisa al plegarla hacia fuera.

Aplicaciones con entretela termoadhesiva de doble cara

La entretela termoadhesiva de doble cara presenta un lado protegido con papel y el otro recubierto con un adhesivo ligeramente brillante; se plancha por los dos lados. Como es translúcida, se puede colocar fácilmente sobre el patrón (con el lado de papel hacia arriba) y después dibujar las formas de este con un lápiz. Recortar la entretela ampliamente, colocarla con el lado brillante sobre el revés de la tela y planchar por el lado con papel. Luego recortar el contorno del motivo dibujado. A continuación, desprender el papel de la entretela y situar esta con el motivo apoyado sobre la tela, donde vaya la aplicación. Planchar la aplicación y coser con punto apretado en zigzag.

Costura a mano: punto oculto o deslizado

Esta costura se trabaja de derecha a izquierda. Para coser un dobladillo, pinchar la aguja en el doblez de la tela, sacarla y volver a pincharla en la tela superior; coger de uno a tres hilos de la tela superior y volver a pinchar la aguja a una distancia de unos 6 mm en el doblez de la tela. Si se desea coser juntos dos cantos doblados, pinchar a través del doblez del canto inferior y del superior, pasar la aguja unos 6 mm a través de la tela del doblez superior, sacar la aguja y volver a pincharla a la misma altura en el doblez inferior; continuar de este modo.

Volantes

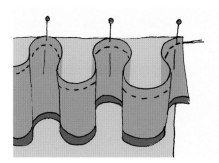

Hilvanar a máquina con puntadas largas el canto superior de la tira del volante, dejando colgar unos 10 cm de hilo al inicio y al final. Fijar con alfileres la tira en el canto elegido de la falda, derecho con derecho, distribuyendo a la vez la tela excedente de manera uniforme.

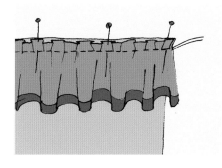

Estirar con cuidado del hilo inferior para fruncir la tela. En caso necesario, se pueden prender más alfileres entre los alfileres ya existentes. A continuación, pespuntear el volante junto al hilo fruncido, de modo que este quede en el margen de costura y no se vea después.

Curso básico de ganchillo

Tejer la cadeneta base

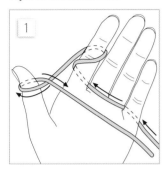

Colocar el hilo alrededor de la mano izquierda, como se muestra en la imagen.

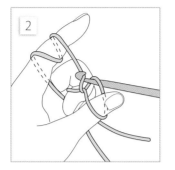

Deslizar el ganchillo, desde abajo, por dentro de la anilla de hilo del dedo pulgar. Coger el hilo y pasarlo a través de la anilla. Después, sacar el dedo índice de la anilla de hilo. Así se obtiene el nudo de la cadeneta y 1 punto de cadeneta.

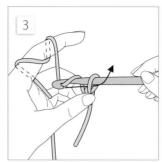

Sujetar el nudo entre los dedos pulgar e índice, enganchar con el ganchillo el hilo del dedo índice y pasarlo a través del punto de cadeneta.

Punto bajo

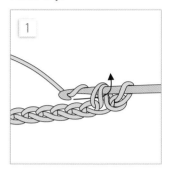

Introducir el ganchillo en el segundo punto de la cadeneta base, enganchar el hilo desde atrás hacia delante formando una lazada. Pasar la lazada a través del punto de la cadeneta base.

Medio punto alto

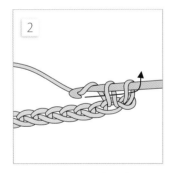

Hacer una nueva lazada y pasarla a través de los 2 puntos que quedan en el ganchillo. Repetir los pasos 1 y 2 para tejer los puntos siguientes.

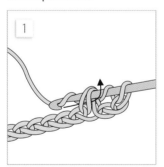

Hacer una lazada en el ganchillo y luego insertar el ganchillo en el punto de la cadeneta previsto. Hacer otra lazada en el ganchillo y pasar el ganchillo a través del punto de la cadeneta.

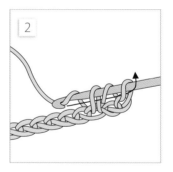

Realizar una nueva lazada en el ganchillo y pasarla a través de los 3 puntos que quedan en el ganchillo.

Ya está terminado el medio punto alto. Repetir los pasos 1 y 2 para tejer los puntos siguientes.

Punto alto

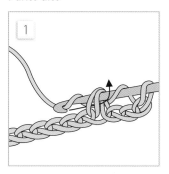

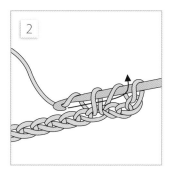

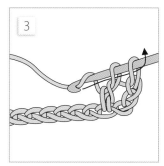

Hacer una lazada en el ganchillo e insertar el ganchillo en el punto de la cadeneta previsto. Hacer otra lazada en el ganchillo y pasar el ganchillo a través del punto de la cadeneta.

Realizar una nueva lazada en el ganchillo y pasarla a través de dos primeros puntos de los tres que quedan en el ganchillo.

Realizar una nueva lazada en el ganchillo y luego pasarla a través de los 2 puntos que quedan ahora en el ganchillo.

Círculo mágico
(o aro deslizado)

Punto enano

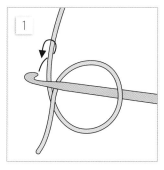

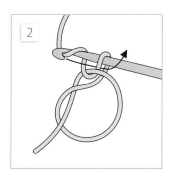

Formar una anilla con el hilo, insertar en ella el ganchillo, hacer una lazada en el ganchillo y pasar esta lazada a través de la anilla de hilo. No ajustar aún la anilla de hilo. Colocar el hilo de trabajo alrededor del dedo izquierdo.

Sujetar la zona de cruce de la anilla, hacer una lazada y pasarla a través del punto que hay en el ganchillo. Tejer una vuelta de este modo y luego cerrar la anilla de hilo.

Insertar el ganchillo en el segundo punto de la cadeneta base (contando desde el ganchillo) y hacer una lazada en el ganchillo. Pasar esta lazada por dentro del punto de la cadeneta base y del punto que queda en el ganchillo.

Repetir este proceso si hay que saltarse más de 1 punto.

Vivir la Navidad

¡Navidad, Navidad, dulce Navidad! Cuando afuera ruge la tormenta y cae la nieve, no hay nada mejor que un hogar acogedor, decorado con cómodos cojines de alces y preciosos quilts. Y para entrar en calor, una receta con manzanas.

¿No dan ganas de achucharlos?

Cojines con alces · Tamaño: 30 x 50 cm · Patrón 1, Pliego de patrones A · Grado de dificultad ● ●

Materiales

- Tela para el cojín, 40 cm de largo x 110 cm de ancho
- Tela para el volante y el alce, 40 cm de largo x 140 cm de ancho
- 1 cojín de relleno, de 35 x 50 cm
- 1 cremallera de 30 cm de largo, de color a juego con el cojín
- Entretela termoadhesiva de doble cara, 25 cm

Corte

En las medidas de corte y en el patrón se incluye un margen de costura de 0,75 cm aprox.

Cojín

- 1 rectángulo, de 37 x 52 cm para, la parte delantera
- 1 rectángulo, de 15 x 37 cm para, la parte trasera
- 1 rectángulo, de 39 x 37 cm para, la parte trasera

Volante

- 3 tiras, de 8 x 140 cm

Instrucciones de costura

Dibujar los alces sobre la entretela termoadhesiva de doble cara con ayuda del patrón. Aplicar los alces con la plancha sobre el revés de la tela escogida para ellos y recortar. Desprender el papel protector de la entretela y planchar los alces sobre la parte delantera del cojín. Contornearlos con una costura a máquina.

Para realizar el volante, coser seguidas las tres tiras de tela, luego plegarlas por la mitad a lo largo y planchar. Usar una puntada larga para hilvanar a máquina el lado abierto más largo de la tira. Tirar del hilo del hilván para hacer el fruncido del volante. Fruncirlo para que tenga una longitud aproximada de 1,75 m. Después, prender con alfileres el volante terminado sobre la pieza delantera del cojín.

Para realizar la abertura de la cremallera, alinear superpuestas las dos piezas traseras del cojín, derecho con derecho, y coserlas juntas 4 cm en cada extremo, con un margen de costura de 1,5 cm. Abrir el margen de costura con la plancha. Coser la cremallera a máquina, utilizando el prensatelas especial para cremalleras.

La parte trasera del cojín debería medir ahora 37 x 52 cm. Colocar la pieza trasera sobre la delantera del cojín, derecho con derecho, y pespuntear por el contorno incluyendo el volante.

Por último, rematar los cantos abiertos.

La casa de Navidad

Quilt mural · Tamaño: 92 x 150 cm · Patrones 2–8, Pliego de patrones A · Grado de dificultad ● ● ●

Materiales

- Tela clara con rayas para el fondo, 160 cm
- Tela unicolor para el ribete, 30 cm
- Tela para la parte trasera del quilt, 160 cm
- Guata, 160 cm
- Entretela termoadhesiva de doble cara, 1 m

Para las aplicaciones

- Tela para la fachada de la casa, 60 cm
- Tela para el tejado, 35 cm
- Tela para las ventanas, 15 cm
- Tela para las contraventanas, 15 cm
- Tela para la puerta y las letras, 40 cm
- Tela para los escalones, 10 cm
- Fieltro de lana de distintos colores (abeto, regalos), restos
- Lana para adornar

Corte

En las medidas de corte y en los patrones se incluye un margen de costura de 0,75 cm aprox.

Para el fondo

- 1 rectángulo, de 150 x 94 cm

Para la pieza trasera

- 1 rectángulo, de 150 x 94 cm, y guata, de 150 x 94 cm

Para el ribete

- 5 tiras, de 7 x 140 cm

Para las aplicaciones

- Dibujar sobre la entretela termoadhesiva de doble cara y con ayuda de los patrones: las letras (**atención:** se dibujan en posición invertida, como si se vieran en un espejo), las ventanas, las contraventanas, la puerta, las piezas interiores de la puerta, los escalones, el abeto y los regalos. Aplicar estas piezas con la plancha sobre el lado del revés de la tela correspondiente o del fieltro de lana; recortarlas.

Instrucciones de costura

Alinear superpuestas la pieza trasera de tela, la guata y el rectángulo de tela para el fondo; hilvanar las tres capas juntas. Desprender el papel protector de las letras y aplicarlas con la plancha sobre la parte delantera del quilt. Luego coser las letras a mano utilizando una puntada para quilts. Tener cuidado de que las tres capas se unan bien entre sí al coser el quilt. Para realizar el ribete, coser seguidas las cinco tiras preparadas (plegadas en doble a lo largo y planchadas); coser a máquina la tira resultante alrededor de la pieza de tela para el fondo del quilt, por el lado del derecho. Doblar el ribete hacia atrás y coser igualmente alrededor, esta vez a mano.

Para realizar la casa, dibujar primero las piezas de la casa sobre el lado del revés de la tela. Luego prender las piezas con alfileres, derecho con derecho, sobre la tela correspondiente y pespuntear exactamente por el contorno. Con cuidado, cortar una hendidura en la tela de la parte trasera de cada pieza de la casa y volver la pieza del derecho. Alisar bien con la plancha, colocar las piezas sobre el quilt y aplicarlas con una costura a mano. Bordar la cruz de las ventanas pespunteando varias líneas de costura muy pegadas entre sí.

A continuación, desprender el papel protector de la puerta y de las ventanas, situarlas sobre la fachada de la casa y planchar con cuidado. Contornear las aplicaciones con una costura decorativa a máquina.

Coser del mismo modo, en doble, las contraventanas, las piezas interiores de la puerta, los escalones, el abeto y los regalos. Las contraventanas se cosen en las ventanas solo por el lado de los goznes, para que sobresalgan un poco.

Adornos navideños de lana

Materiales

- Lana (para un ganchillo con grosor del 7-8), 250 g aprox.
- Fieltro de lana de diferentes colores
- Lana para adornar
- 1 corona de paja, de 35-40 cm Ø aprox.
- 4 portavelas con fijación para insertar
- Algodón de relleno

Instrucciones de ganchillo

Realizar una prueba de ganchillo de 10 x 10 cm con la lana elegida para probar cuántos puntos son necesarios para tejer el contorno de la corona. Medir el ancho de la corona y, dependiendo de la prueba de ganchillo, tejer una cadeneta base con el número de puntos necesarios. Luego tejer 3 puntos de cadeneta de vuelta y trabajar 1 punto alto en cada punto de la cadeneta base. * Volver a tejer 3 puntos de cadeneta de vuelta y después, a partir del segundo punto alto de la vuelta anterior, tejer 1 punto alto en cada punto. Repetir a partir del * hasta que el contorno de la corona esté completamente tejido. Enfundar la corona de paja en la pieza de ganchillo y coser a mano por el lado inferior. Por último, insertar los portavelas en la corona terminada.

Para los regalos, dibujar cuadrados pequeños de 5,5 x 5,5 cm en el reverso del fieltro de lana. Alinear superpuestos, derecho con derecho, los dos cuadrados para cada regalo y coser dejando una abertura para dar la vuelta. Dar la vuelta, rellenar con algodón y cerrar a mano la abertura. Decorar los regalos con lazos de lana y distribuirlos sobre la corona.

Adornos suaves

Colgantes para el árbol de Navidad · Tamaño: 10 x 10 cm · Patrón 9, Pliego de patrones A · Grado de dificultad ●

Materiales

- Fieltro de lana de diferentes colores
- Lana de color rojo y verde (para un ganchillo con grosor del 3-3,5)
- Algodón de relleno

Corte

En las medidas de corte y en el patrón se incluye un margen de costura de 0,75 cm aprox.

- 2 cuadrados, de 11 x 11 cm, por corazón
- 2 rectángulos, de 4 x 6 cm, por paquete

Significado de los signos de ganchillo

- · = 1 punto de cadeneta
- ⌒ = 1 punto enano
- ı = 1 punto bajo
- T = 1 medio punto alto
- † = 1 punto alto

    Si los signos aparecen
    debajo juntos, los puntos
    se trabajan en un mismo
    punto.

Instrucciones de costura

Con ayuda del patrón, dibujar el corazón sobre el reverso de un cuadrado de fieltro.

Alinear superpuestos los dos cuadrados, derecho con derecho, y pespuntear justo por la línea dibujada. Dejar una abertura de unos 3 cm para dar la vuelta en un lado recto del corazón. Recortar el corazón casi hasta la línea de costura y realizar cortes en el margen de costura superior.

Dar la vuelta al corazón y rellenarlo con el algodón. Cerrar a mano la abertura para dar la vuelta.

Luego coser los dos rectángulos, derecho con derecho, para realizar cada paquete de regalo. Dar la vuelta al paquete y rellenarlo con el algodón. Cerrar a mano la abertura para dar la vuelta. Hacer una cadeneta de ganchillo con la lana roja, colocarla alrededor de cada paquete como si fuera una cinta de regalo y anudarla en un lazo.

Instrucciones de ganchillo

Tejer 16 puntos de cadeneta base para tejer la rosa de ganchillo. **1.ª vuelta:** el primer punto de cadeneta cuenta como punto de cadeneta de vuelta. Trabajar 2 puntos bajos en cada punto de cadeneta siguiente = 30 puntos bajos. **2.ª vuelta:** trabajar 2 puntos en cada punto: tejer 3 puntos bajos, *4 medios puntos altos, 7 puntos altos, 4 medios puntos altos, 5 puntos bajos y repetir una vez a partir del *; luego, tejer 4 medios puntos altos, 7 puntos altos, 4 medios puntos altos y 2 puntos bajos. Cortar el hilo dejándolo con un extremo largo colgando. Enrollar en espiral la cinta tejida de ganchillo, de modo que el extremo del hilo de la 2.ª vuelta quede en el interior. Fijar la cadeneta con algunas puntadas utilizando el extremo del hilo de la 1.ª vuelta y pinchar hacia abajo el extremo del hilo de la 2.ª vuelta con la aguja de lana, pasándolo a través del centro de la flor; tirar bien del hilo que queda en el centro de la flor. Rematar el hilo.

Para la hoja de la rosa, tejer 7 puntos de cadeneta base. **1.ª vuelta:** trabajar 2 puntos bajos, 2 medios puntos altos, 1 punto alto y 4 puntos altos en el último punto de cadeneta como transición de vuelta hacia el otro lado de la labor. **2.ª vuelta:** trabajar 2 puntos altos, 2 medios puntos altos y 2 puntos bajos. Después coser a mano la rosa de ganchillo sobre el corazón de fieltro de lana.

Esquema de la hoja
de ganchillo

Esquema de la flor de ganchillo

Árbol de Navidad con una decoración diferente

Funda para el soporte del abeto · Tamaño: 20 x 18 x 18 cm · Patrones 10-11, Pliego de patrones B · Grado de dificultad ●

Materiales
- Tela de hule, de 30 cm de largo y 140 cm de ancho
- Tela para aplicaciones, restos
- Entretela termoadhesiva de doble cara, restos

Corte
En las medidas de corte y en el patrón se incluye un margen de costura de 0,75 cm aprox.
Cortar la parte delantera y la trasera con ayuda del patrón.

Instrucciones de costura
Con ayuda del patrón, dibujar la estrella sobre la entretela termoadhesiva de doble cara, fijarla con la plancha sobre el lado del revés de la tela para aplicaciones y recortar. Desprender el papel protector de la estrella y aplicarla con la plancha, con cuidado, sobre el lado delantero de la funda (cubrir la tela de hule con un paño para protegerla del calor). Contornear la estrella con una costura decorativa a máquina. Luego alinear la parte delantera y la trasera de la funda, derecho con derecho, y pespuntear por el contorno lateral y por la base. Superponer la costura lateral sobre la costura de la base para meter las pinzas y después coser la base. Volver la funda del derecho. Plegar el canto superior de la funda unos 3 cm hacia dentro y realizar una costura de pespunte en el borde.

Celebrando la Navidad

Quilt con árbol de Navidad · Tamaño: 118 x 145 cm · Patrones 12, 13a y 13b, Pliego de patrones B · Grado de dificultad ● ● ●

Materiales

(Ancho de la tela: 1,40 m)
- Tela de tonos claros para el fondo, 130 cm
- Tela para el borde interior, 30 cm
- Tela para el borde exterior y el ribete, 70 cm
- Tela para la parte trasera del quilt, 150 cm
- Guata, 150 cm

Para el abeto

- Fieltro de lana, 90 cm
- Tela para la parte trasera del árbol, 90 cm
- 5 telas distintas para los corazones, 15 cm de cada una
- 24 botones, de 1,5 cm Ø aprox.

Corte

En las medidas de corte y en los patrones se incluye un margen de costura de 0,75 cm aprox.

Para el fondo

- 1 rectángulo, de 130 x 102 cm

Para el borde interior

- 2 tiras, de 4,5 x 130 cm
- 2 tiras, de 4,5 x 109 cm

Para el borde exterior

- 2 tiras, de 7 x 136 cm
- 2 tiras, de 7 x 121 cm

Para el ribete

- 4 tiras, de 7 x 140 cm

Corazones

- 2 cuadrados por corazón, de 11 x 11 cm
- 2 cuadrados por corazón de guata, de 11 x 11 cm

Instrucciones de costura

Coser derecho con derecho las dos tiras más largas para el borde interior del quilt, de 4,5 x 130 cm, en los lados largos de la tela del fondo. Después coser las tiras más cortas del borde interior, de 4,5 x 109 cm, en los lados más cortos de la pieza del fondo. Coser del mismo modo, derecho con derecho, las tiras del borde exterior del quilt, es decir, primero las tiras más largas, de 7 x 136 cm, en los lados más largos y luego las tiras más cortas, de 7 x 121 cm, en los lados más cortos. A continuación, colocar superpuestas la tela para la trasera, la guata y la tela para el fondo ya con los bordes e hilvanar las tres capas juntas; unir las tres capas del quilt mediante un acolchado. Para ello, dibujar por ejemplo la forma de una estrella y acolchar con costuras a mano. Coser seguidas las tiras preparadas para el ribete, plegar por la mitad a lo largo y planchar. Coser la tira obtenida, por el lado del derecho, alrededor del quilt. Doblar el ribete hacia atrás, envolviendo el canto del quilt y coserlo del mismo modo, pero esta vez a mano.

Árbol de Navidad

Con ayuda del patrón, dibujar el árbol de Navidad sobre la tela para la parte trasera del abeto. Prender con alfileres esta pieza, derecho con derecho, sobre el fieltro y pespuntear exactamente por el contorno. Cortar con cuidado una hendidura en la tela de la parte trasera y dar la vuelta al árbol. Alisar bien con la plancha, colocar el abeto en el centro del quilt y aplicarlo a mano.

Corazones

Con ayuda del patrón, dibujar los corazones sobre el revés de la mitad de los cuadrados de tela; colocar detrás de cada uno de ellos otro cuadrado de guata, alineándolos derecho con derecho, y pespuntear exactamente por la línea dibujada. Dejar una abertura para dar la vuelta en un lado recto del corazón. Cortar el corazón casi hasta la línea de costura y realizar cortes en el margen de costura superior. Dar la vuelta al corazón y cerrar a mano la abertura para dar la vuelta.

Manzana caliente para el invierno

Ingredientes para 4 personas
• 4 manzanas
• Canela
• Helado de vainilla

Para la crema de vainilla
• 400 ml de leche
• 3 cucharadas soperas
  de azúcar
• 1 vaina de vainilla
• 2 huevos
• 1 vaso de nata
• 1 cucharadita colmada
  de maicena

Cocer la leche, el azúcar y las semillas extraídas al raspar el interior de la vaina de vainilla. Mientras, batir los huevos con la batidora. Añadirles la maicena y la nata y volver a batir. Verter el batido de huevos sobre la leche ya cocida y mezclar con el batidor de varillas. Volver a cocer brevemente. Cortar las manzanas en trocitos, colocarlas dentro de un molde para hornear, espolvorearlas con canela y verter encima la crema de vainilla preparada. Tiempo de cocción: 25 minutos a 220 ºC. Se sirve acompañada de helado de vainilla.

Estar elegante en Navidad

¿Acabo de llegar del bosque o voy hacia allí? Con este bolso con correa para llevar el neceser para cosméticos y el monedero, estoy bien equipada. Y los mitones mantienen mis manos bien calientes durante los paseos invernales o las compras de Navidad.

Para los tesoros de Navidad

Monedero · Tamaño: 11 x 15 cm · Patrones 14, 15 y 18, Pliego de patrones B · Grado de dificultad ● ● ●

Materiales

Pieza exterior y pieza para la cremallera

- Tela con estampado a elegir, 30 cm
- Entretela termoadhesiva, 15 x 22 cm
- Guata adhesiva, 15 x 22 cm
- Guata, un trozo pequeño
- 1 cremallera de 15 cm de largo, de color a juego con la tela
- 1 automático transparente
- Cinta al bies, 80 cm aprox., de color a juego con la tela

Corte

En las medidas de corte y en el patrón se incluye un margen de costura de 0,75 cm aprox.

- Tela exterior, de 15 x 22 cm (aplicar por detrás con la plancha la guata adhesiva y fijar el automático)
- Tela interior, de 15 x 22 cm (aplicar por detrás con la plancha la entretela termoadhesiva)

Pieza para la cremallera

Tela exterior

- 1 pieza, de 10 x 15 cm (parte delantera)
- 1 pieza, de 13 x 15 cm (parte trasera)

Tela de forro

- 1 pieza, de 10 x 15 cm
- 1 pieza, de 13 x 15 cm ▶

Instrucciones de costura

Pieza para la cremallera

Para facilitar la costura de la cremallera, se recomienda utilizar el prensatelas para cremalleras. Alinear derecho con derecho la cremallera y la pieza delantera (tela exterior), de modo que la hilera de dientes de la cremallera y el canto de doblez queden superpuestos. Coser a pespunte. Colocar la pieza de forro (con el lado del derecho hacia abajo) sobre la pieza de trabajo y pespuntear igualmente. Volver del derecho y realizar una costura junto a la cremallera. Montar la pieza trasera del mismo modo.

Dar forma a la pieza de la cremallera terminada. La pieza delantera, más pequeña, queda hacia arriba y la pieza trasera, más grande, se pliega hacia atrás. Coser por los dos lados para fijar todo.

Compartimento para las tarjetas

Plegar, derecho con derecho, las tres piezas para los compartimentos (11 x 12 cm), dejándolas con un tamaño de 11 x 6 cm (cada pieza); pespuntear con un margen de costura de unos 0,75 cm.

Volver del derecho y alisar con la plancha.

Los compartimentos para las tarjetas se cosen ahora por separado sobre la tela base. Colocar el primer compartimento sobre la tela base y coser por abajo, cerca del canto, para que la tarjeta no se caiga. Coser el resto de los compartimentos a una distancia de 2 cm entre sí (ver la fotografía).

La pieza base en la que se han montado los compartimentos para las tarjetas muestra alrededor los cantos abiertos. Para cerrar lo que después será el canto interior, alinear la pieza base con los compartimentos y la tela para el revés de los mismos (13 x 15 cm), derecho con derecho; pespuntear y colocarla hacia atrás, de modo que se vea por delante un canto de más o menos 1 cm.

Hilvanar los lados de la tela aún abiertos, por seguridad, para que no se mueva nada. ▶

Pieza para los compartimentos de tarjetas

- 3 piezas, de 11 x 12 cm, para los compartimentos
- 1 pieza, de 11 x 15 cm, para la base de los compartimentos (sobre esta tela van cosidos los compartimentos)
- 1 pieza, de 13 x 15 cm (es el lado del revés de los compartimentos)

Cierre

- Recortar 2 piezas con la forma del patrón

Coser el cierre con la entretela, derecho con derecho, dejando en la costura una abertura para dar la vuelta. Volver del derecho, cerrar la abertura para dar la vuelta y fijar una parte del automático.

Montar juntas todas las piezas. La pieza de la cremallera y la del compartimento de tarjetas se colocan sobre la tela interior con entretela termoadhesiva, según se ve en la fotografía. No debe quedar todo cubierto, sino un poco desplazado. Desprender el papel protector de la guata adhesiva y aplicarla con la plancha sobre la tela exterior. ¡La plancha no debe tocar la cremallera!

Recortar el monedero casi terminado con la forma del patrón. Luego fijar la otra parte del automático en el centro de un lado exterior, a 2,5 cm del borde. Para terminar, ribetear todo con la cinta al bies.

Con forma de cabaña

Bolso con solapa de ganchillo · Tamaño: 25 x 23 x 6 cm · Patrón 16, Pliego de patrones B · Grado de dificultad ● ● ●

Materiales

- Tela exterior, 35 cm
- Tela de forro, 35 cm
- Guata adhesiva, 40 cm
- Entretela de refuerzo termoadhesiva, 40 cm
- Fliselina, 25 cm
- Correa, 1,30 m aprox., de un color a juego
  con la tela exterior
- Cierre de inserción automática

Para la pieza de ganchillo

- Lana de color gris (para un ganchillo
  con grosor del 7-8), 100 g aprox.
- Lana en dos tonos de rojo para el corazón, restos

Corte

En las medidas de corte y en el patrón se incluye
un margen de costura de 0,75 cm aprox.

- Para las piezas del bolso y la solapa utilizar los
  patrones. Para la solapa, recortar el patrón unos
  5 cm por arriba

Bolso exterior

- 2 piezas del bolso con la forma del patrón
- 1 tira, de 10 x 90 cm (pieza base-laterales)

Montar las piezas del bolso sobre la guata adhesiva.

Bolso de forro

- Cortar las piezas del bolso y la pieza base-laterales
  como se describe arriba y reforzarlas con la
  entretela termoadhesiva
- Para el lado interior de la solapa, cortar una pieza
  de la solapa de tela de forro y montarla sobre la
  guata adhesiva

Instrucciones de costura

Coser juntas una pieza del bolso y la pieza base-laterales, derecho con
derecho, a lo largo del contorno lateral e inferior del bolso. Hacer lo mismo con la segunda pieza del bolso. Montar la solapa en el borde superior del bolso.

Fijar el cierre en la solapa y en la pieza delantera del bolso. Después, fijar
la correa en los laterales de forma provisional.

Coser el bolso de forro dejando una abertura para dar la vuelta. Introducir el bolso exterior (derecho) dentro del bolso de forro (revés), adaptarlo
bien, prender con alfileres y coser, incluyendo a la vez la correa. Sacar el
bolso exterior a través de la abertura del forro. Cerrar a mano la abertura
para dar la vuelta. Introducir el bolso de forro dentro del bolso exterior.
Planchar el borde superior y realizar una costura decorativa a unos 5 mm
por debajo del canto superior.

Instrucciones de ganchillo

Para confeccionar la pieza exterior de la solapa del bolso, tejer a ganchillo un rectángulo de 24 x 27 cm del modo siguiente: alternar 1 punto
alto y 1 punto bajo, empezando cada vuelta con 1 punto de cadeneta de
vuelta. Después tejer 1 punto bajo en cada punto alto de la vuelta anterior y trabajar 1 punto alto en cada punto bajo de la vuelta anterior. Aplicar la fliselina con la plancha por el lado del revés de la pieza de ganchillo. Luego prender con alfileres, derecho con derecho, la pieza de la
solapa preparada sobre la pieza de ganchillo tejida y coser por el contorno inferior y los laterales. Volver del derecho y planchar.

Esquema del corazón de ganchillo

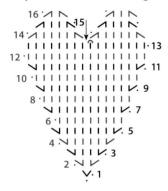

Significado de los signos de ganchillo

- $\cdot$ = 1 punto de cadeneta
- $\cap$ = 1 punto enano
- I = 1 punto bajo
- $\downarrow$ = Empezar de nuevo

Si los signos aparecen debajo juntos, los puntos se trabajan en un mismo punto. Si los signos aparecen arriba juntos, los puntos se tejen juntos.

Para realizar el corazón, tejer primero 2 puntos de cadeneta.

1.ª vuelta: tejer 2 puntos bajos en el primer punto de cadeneta, dar la vuelta a la labor.

2.ª vuelta: tejer 1 punto de cadeneta de vuelta, al inicio de esta y de las siguientes vueltas. Tejer 2 puntos bajos en cada uno de los 2 puntos de la vuelta anterior = 4 puntos.

3.ª vuelta: tejer puntos bajos, el primer y el último punto duplicados = 6 puntos.

4.ª vuelta: tejer puntos bajos, el primer y el último punto duplicados = 8 puntos.

5.ª vuelta: tejer puntos bajos, el primer y el último punto duplicados = 10 puntos.

6.ª vuelta: tejer 10 puntos bajos.

7.ª vuelta: tejer puntos bajos, el primer y el último punto duplicados = 12 puntos.

8.ª vuelta: tejer 12 puntos bajos.

9.ª vuelta: tejer puntos bajos, el primer y el último punto duplicados = 14 puntos.

10.ª vuelta: tejer 14 puntos bajos.

11.ª vuelta: tejer puntos bajos, el primer y el último punto duplicados = 16 puntos.

12.ª vuelta: tejer 16 puntos bajos.

A partir de aquí comienza el primer arco del corazón.

13.ª vuelta: tejer 8 puntos bajos y dar la vuelta a la labor.

14.ª vuelta: tejer puntos bajos, tejiendo juntos los dos primeros y los dos últimos puntos = 6 puntos.

15.ª vuelta: tejer puntos bajos, tejiendo juntos los dos primeros y los dos últimos puntos = 4 puntos.

16.ª vuelta: tejer puntos bajos, tejiendo juntos los dos primeros y los dos últimos puntos = 2 puntos.

Para realizar el segundo arco del corazón, empezar de nuevo en el centro de la 13.ª vuelta y tejer la vuelta hasta el final. Dar la vuelta a la labor. A continuación, de la vuelta 14.ª a la 16.ª, tejer igual que el primer arco del corazón, pero en sentido contrario. Cambiar el color del hilo y contornear el corazón tejiendo puntos bajos. Por último, coser el corazón a mano en la solapa del bolso.

Hacia el cielo

Colgante móvil navideño

Materiales
- Alambre de grosor medio, 1 m de largo
- Cinta adhesiva fuerte
- Cinta para ribetes, varios metros
- Pequeños objetos decorativos navideños para colgar, de 10 a 12

Curvar el alambre en forma ovalada y unir los extremos con cinta adhesiva fuerte. Forrar completamente el alambre con la cinta para ribetes, luego colgar el móvil de alambre por cuatro puntos y decorarlo con bonitos objetos decorativos.

Con bonitos adornos

Mitones · Longitud: 20 cm; contorno: 22 cm · Patrón 17, Pliego de patrones B · Grado de dificultad ●

Materiales

- Fieltro de lana
- 2 galones diferentes para decorar, de 50 cm cada uno
- Lana de 2 colores para la flor de ganchillo, restos
- Rotulador al agua

Corte

En las medidas de corte y en el patrón se incluye un margen de costura de 0,75 cm aprox.

- 2 rectángulos, de 20 x 25 cm cada uno

Instrucciones de costura

Dibujar los arcos del borde con ayuda del patrón y de un rotulador al agua. Luego recortar con exactitud. Coser los galones. Doblar y alinear la pieza derecho con derecho y unirla con una costura en la línea lateral.

Instrucciones de ganchillo

Para realizar la flor, tejer 3 puntos de cadeneta (cuentan como 1 punto alto) y 9 puntos altos en un círculo mágico. Cambiar el color del hilo. Para tejer un pétalo, trabajar 2 puntos de cadeneta en el último punto alto (cuenta como medio punto alto). *Tejer 4 puntos altos, 1 medio punto alto en 1 punto, saltar 1 punto y tejer medio punto alto. Repetir cuatro veces a partir del * y cerrar la vuelta con 1 punto enano en el segundo punto de cadeneta. Cortar el hilo. Rematar los hilos y coser la flor en el mitón.

Esquema de la flor de ganchillo

Significado de los signos de ganchillo

- · = 1 punto de cadeneta
- ∩ = 1 punto enano
- T = 1 medio punto alto
- † = 1 punto alto
- ◯ = Círculo mágico

Si los signos aparecen debajo juntos, los puntos se trabajan en un mismo punto.

¡Oh, árbol de Navidad!

Bolso para las compras navideñas · Tamaño: 23 x 33 x 8 cm · Patrón 18, Pliego de patrones B · Grado de dificultad ● ● ●

Materiales

- Tela exterior, 45 cm
- Tela de forro, 35 cm
- Guata adhesiva, 30 cm
- Lana para ganchillo de color verde (para un ganchillo con grosor del 4-5), 50 g aprox.

Corte

En las medidas de corte y en el patrón se incluye un margen de costura de 0,75 cm aprox.

- 2 rectángulos, de 25 x 35 cm de tela exterior (redondear las esquinas con ayuda del patrón)
- 1 tira base-laterales, de 10 x 100 cm de tela exterior, reforzada con guata adhesiva
- 2 tiras, de 9 x 55 cm para las asas
- 2 tiras, de 4 x 55 cm de guata adhesiva
- 2 rectángulos, de 25 x 35 cm de tela de forro

Instrucciones de costura

Coser juntos un rectángulo de tela exterior y la tira base-laterales, derecho con derecho, a lo largo del contorno lateral e inferior del bolso. Hacer lo mismo con el segundo rectángulo de tela exterior.

Para confeccionar las asas, coser cada tira a lo largo en forma de tubo, dar la vuelta, alisar bien con la plancha e insertar dentro de cada "tubo" una tira de guata adhesiva. Doblar las asas y pespuntearlas cerca del canto, dejando sin coser 6 cm en cada extremo. Fijar las asas en el bolso exterior. Coser el bolso de forro dejando una abertura para dar la vuelta. Introducir el bolso exterior (derecho) en el bolso de forro (revés), adaptarlo bien, prender con alfileres y coser. Sacar el bolso a través de la abertura del forro. Cerrar la abertura para dar la vuelta. Colocar el bolso de forro dentro del bolso exterior. Planchar el borde superior del bolso y realizar una costura decorativa a unos 5 mm por debajo del canto superior.

Terminación

Para el abeto, trabajar con la lana una cadeneta de ganchillo de unos 1,5 m de longitud y tejer 1 vuelta con medios puntos altos. Coser a mano esta cinta de ganchillo sobre la pieza delantera del bolso, curvándola para darle la forma de un abeto.

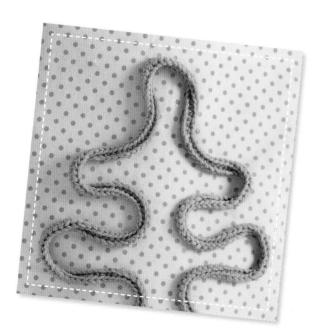

Para las mil pequeñeces

Neceser de lana · Tamaño: 12 x 22 cm · Patrón 19, Pliego de patrones B · Grado de dificultad ● ●

Materiales

- Fieltro de lana, 20 cm
- Tela de forro, 20 cm
- 1 cremallera, 20 cm de largo
- 2 galones diferentes para decorar, 15 cm de cada uno
- Lana para la flor de ganchillo, restos

Corte

En el patrón se incluye un margen de costura de 0,75 cm aprox.

- 2 piezas exteriores de fieltro de lana (realizar con el patrón)
- 2 piezas de tela de forro (realizar con el patrón)

Esquema de la flor de ganchillo

Significado de los signos de ganchillo

- · = 1 punto de cadeneta
- ⌒ = 1 punto enano
- T = 1 medio punto alto
- † = 1 punto alto
- ◯ = Círculo mágico

Si los signos aparecen debajo juntos, los puntos se trabajan en un mismo punto.

Instrucciones de costura

Coser los galones en la pieza delantera del neceser. Alinear la cremallera sobre la pieza delantera, derecho con derecho, de modo que la hilera de dientes y el canto de la tela queden superpuestos. Coser a pespunte. Colocar sobre esta pieza la pieza de forro, con el lado del derecho hacia abajo, y pespuntear. Volver del derecho y realizar una costura junto a la cremallera. Colocar la pieza trasera del mismo modo.

Alinear las dos piezas exteriores, derecho con derecho, y pespuntear por los laterales. A continuación, coser el contorno inferior. Colocar superpuestas la costura de la base y la costura lateral correspondiente y unir con un pespunte para dar forma a la base. Realizar el bolso de forro del mismo modo, pero dejando en la base una abertura para dar la vuelta. Dar la vuelta al neceser a través de la abertura y cerrar esta a mano.

Instrucciones de ganchillo

Para realizar la flor, tejer 3 puntos de cadeneta (cuentan como 1 punto alto) y 9 puntos altos en un círculo mágico. Cerrar la vuelta con 1 punto enano y cortar el hilo. Después, cambiar el color del hilo. Trabajar 2 puntos de cadeneta en el punto enano (cuenta como medio punto alto), *tejer 4 puntos altos y 1 medio punto alto en 1 punto. Repetir cuatro veces a partir del *, saltando 1 punto cada vez. Rematar con 1 punto enano en el segundo punto de cadeneta. Cortar los hilos y rematar. Coser a mano la flor de ganchillo en el neceser.

Consejo de decoración

Mañana de Navidad

Bandeja para un agradable desayuno

Cubrir el fondo de una bandeja con una tela y decorarla con diferentes objetos navideños como, por ejemplo, moldes para hornear galletas, corazones de tela y farolillos con velas.

Regalos de Navidad

Niños, mañana habrá fantásticos regalos, como el collar de ganchillo con anillo a juego. ¿Y quién sabe qué maravillosas cosas se esconden dentro de los saquitos de la chimenea y del calendario de Adviento artesanal?

Adornos para colgar en Navidad

Saquitos de la chimenea · Tamaño: 23 x 36 cm · Patrón 20, Pliego de patrones B · Grado de dificultad ● ●

Materiales

Para un saquito

- Tela exterior, 25 cm
- Galón decorativo, 30 cm aprox.
- Tela para la estrella, restos
- Entretela adhesiva de tela, 25 cm
- Entretela adhesiva de doble cara

Corte

En las medidas de corte y en el patrón se incluye un margen de costura de 0,75 cm aprox.

- 2 rectángulos para la pieza base, de 25 x 40 cm (reforzar uno de los rectángulos con entretela adhesiva de tela)
- 2 cuadrados para el bolsillo, de 25 x 25 cm (reforzar uno de los cuadrados con entretela adhesiva de tela)

Instrucciones de costura

Con ayuda del patrón, dibujar la estrella sobre la entretela adhesiva de doble cara, aplicarla con la plancha sobre el revés de la tela elegida y recortar. Desprender el papel protector de la estrella y plancharla sobre el lado delantero del bolsillo. Realizar a máquina una costura decorativa en el contorno de la estrella.

Alinear los cuadrados para el bolsillo, derecho con derecho. Con ayuda del patrón, dibujar el arco hasta la línea discontinua y coser exactamente sobre la línea dibujada, fijando un galón en el contorno del arco. Recortar hasta el margen de costura, dar la vuelta y planchar.

Montar el bolsillo terminado sobre un rectángulo de tela de la pieza base. Alinear encima el segundo rectángulo de la pieza base, derecho con derecho, y pespuntear alrededor. Dejar una abertura para dar la vuelta, volver del derecho y cerrar la abertura a mano.

Alfileres en carrete

Alfiletero con forma de carrete de hilo · Tamaño: 10 x 7 cm · Grado de dificultad ●

Materiales

- Tela, 15 cm
- Entretela adhesiva de tela, 15 cm
- Lana para el borde tejido de conchas (para un ganchillo con grosor del 3-3,5)
- 1 carrete de madera, de 10 cm de alto

Corte

Medir el contorno y la altura del carrete de madera. Cortar en la tela una pieza con el doble de esta medida más el margen de costura y reforzar por el revés con entretela adhesiva de tela.

Instrucciones de costura

Alinear las dos piezas derecho con derecho y coser alrededor, dejando una abertura para dar la vuelta. Dar la vuelta a la pieza, envolver el carrete con ella y coser a mano.

Instrucciones de ganchillo

Para el borde tejido de conchas, trabajar una cadeneta holgada con la medida del contorno del carrete. **1.ª vuelta:** tejer puntos bajos. **2.ª vuelta:** *tejer 1 punto bajo, 3 puntos altos en 1 punto, saltar 1 punto y repetir a partir del * hasta el final. Terminar con 1 punto bajo. Coser a mano el borde tejido de conchas en el carrete.

¡Que nieve!

Cuadros con muñecos de nieve · Tamaño: 20 x 20 cm · Patrones 21 y 22, Pliego de patrones B · Grado de dificultad ● ●

Materiales

Para 3 cuadros

- Tela unicolor para el bastidor, 25 cm
- Tela estampada para el fondo del muñeco de nieve, 15 cm
- Telas para las aplicaciones
- 3 bastidores, de 20 x 20 cm
- Entretela adhesiva de tela
- Entretela termoadhesiva de doble cara
- 4 botones para decorar, de 1,5 cm Ø aprox.
- Rotulador textil de color negro
- Pegamento en spray
- Grapadora

Corte

En las medidas de corte y en los patrones se incluye un margen de costura de 0,75 cm aprox.
- 2 cuadrados de tela, de 12,5 x 12,5 cm
- Reforzar 1 cuadrado con entretela adhesiva de tela
- 1 cuadrado de tela para el bastidor, de 25 x 25 cm

Instrucciones de costura

Con ayuda de los patrones, dibujar el muñeco de nieve y el gorro sobre la entretela termoadhesiva de doble cara, planchar esta entretela sobre el revés de las telas y recortar. Desprender el papel protector de la entretela y planchar las aplicaciones sobre la parte delantera de un cuadrado de tela. Contornear el muñeco de nieve con una costura decorativa a máquina. Alinear el segundo cuadrado de tela estampada con la pieza anterior, derecho con derecho, y pespuntear alrededor. Realizar con cuidado un corte en la parte trasera para dar la vuelta al cuadro. Alisar bien con la plancha. Pintar la cara del muñeco de nieve con el rotulador textil y coser los botones. Para el bastidor, planchar el cuadrado de 25 x 25 cm sobre la entretela adhesiva de tela, utilizando pegamento en spray; forrar con ello el bastidor y luego fijar la tela con la grapadora por el lado posterior del bastidor. Coser a mano el cuadro con el muñeco de nieve en el centro del bastidor forrado.

¡Bisutería alegre!

Collar y anillo de ganchillo · 4 cm Ø y 150 cm de largo · Grado de dificultad ●

Materiales

Anillo

- Lana de dos colores diferentes (para un ganchillo con grosor del 3-3,5)
- 1 aro para anillo
- Tela para forrar el botón, restos
- 1 botón, de 2,5 cm Ø aprox.
- Pegamento universal

Collar de ganchillo

- Lana (para un ganchillo con grosor del 4-4,5), 50 g
- Tela para forrar los botones, restos
- 8 botones, de 1,5 cm Ø aprox.
- 1 botón, de 2,5 cm Ø aprox.

Esquema de la flor pequeña

Esquema de la flor grande

Significado de los signos de ganchillo

- · = 1 punto de cadeneta
- ∩ = 1 punto enano
- ǀ = 1 punto bajo
- † = 1 punto alto

Anillo

Para el anillo se necesita una flor grande y una flor pequeña de ganchillo.

Flor pequeña: tejer 4 puntos de cadeneta con el color de la flor y cerrar en forma de anillo. Tejer 5 puntos de cadeneta (los tres primeros puntos de cadeneta cuentan como el primer punto alto). *Tejer 1 punto alto en el anillo, 2 puntos de cadeneta y repetir seis veces a partir del *. Realizar 1 punto enano en el tercer punto de la cadeneta. Tejer 1 pétalo del color de la hoja en cada arco de puntos de cadeneta como se indica a continuación: *tejer 1 punto bajo, 3 puntos altos, 1 punto bajo y repetir seis veces a partir del *. Rematar con 1 punto enano en el primer punto bajo.

Flor grande: tejer la flor grande del mismo modo, pero el arco de puntos de cadeneta se compone de 3 puntos y el pétalo se trabaja con 1 punto alto más. Forrar el botón con tela y colocarlo sobre la flor pequeña; luego colocar ambos sobre la flor grande y pegar. Fijar la flor completa sobre el aro del anillo.

Collar de ganchillo

Trabajar 354 puntos de cadeneta. Tejer los puntos en esta cadeneta en el orden siguiente: 35 puntos bajos, trabajando el primer punto bajo en el segundo punto de cadeneta, contando desde la aguja de ganchillo. Tejer la superficie sobre la que va el botón (1 medio punto alto, 2 puntos altos, 3 puntos altos dobles, 2 puntos altos y 1 medio punto alto). Trabajar 20 puntos bajos y luego tejer la hoja (8 puntos de cadeneta, 1 punto alto [los primeros tres puntos de cadeneta cuentan como el primer punto alto], 2 medios puntos altos y 2 puntos bajos). Tejer 20 puntos bajos y luego realizar la superficie del botón como se ha descrito antes. Tejer 20 puntos bajos y trabajar la hoja como se ha indicado antes. Realizar 20 puntos bajos. Trabajar la superficie del botón. Tejer 10 puntos bajos y la hoja. Tejer 10 puntos bajos. Trabajar la superficie del botón y luego tejer 1 punto bajo. Trabajar la superficie del botón y 1 punto bajo. Trabajar la superficie del botón, 10 puntos bajos y la hoja. Tejer otros 10 puntos bajos. Trabajar la superficie del botón, 20 puntos bajos y la hoja. Tejer otros 20 puntos bajos. Trabajar la superficie del botón, 20 puntos bajos y la hoja. Tejer otros 20 puntos bajos. Trabajar la superficie del botón y 35 puntos bajos. Después tejer una flor grande y otra pequeña de ganchillo, como se indica en el anillo. Forrar todos los botones con tela. Pegar los botones pequeños en las flores tejidas. Realizar el botón grande como se describe para el anillo y coserlo sobre la superficie central del collar.

Regalos con alce

Bolsa de regalo con aplicaciones termoadhesivas

Materiales
- Bolsas de papel
- Tela, restos
- Entretela termoadhesiva de doble cara
- Lana gruesa

Patrón 1, Pliego de patrones A

Dibujar el motivo sobre la entretela termoadhesiva de doble cara con ayuda del patrón. Aplicarlo con la plancha sobre el lado del revés de la tela. Recortar el motivo con mucha exactitud y luego desprender el papel protector de la entretela. Colocar el motivo sobre la bolsa de papel y plancharlo. Rellenar la bolsa con bonitos regalos y decorarla con un lazo de lana.

Portavelas con corazón

Portavelas de cristal con flor de ganchillo · 10 cm de alto y 10 cm Ø · Grado de dificultad ● ●

Materiales

- Tela, 15 cm
- 1 vaso de cristal, de 10 cm de alto y 10 cm Ø
- Lana de diferentes colores

Corte

En las medidas de corte se incluye un margen de costura de 0,75 cm aprox.

- 1 rectángulo, de 11 x 34 cm

Esquema del corazón de ganchillo

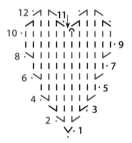

Significado de los signos de ganchillo

· = 1 punto de cadeneta

∩ = 1 punto enano

I = 1 punto bajo

↓ = Empezar de nuevo

Si los signos aparecen debajo juntos,
los puntos se trabajan en un mismo punto.
Si los signos aparecen arriba juntos,
los puntos se tejen juntos.

Instrucciones de ganchillo

Para realizar el borde de conchas de ganchillo, tejer una cadeneta de 34 cm. Realizar 1 punto de cadeneta de vuelta al inicio de cada vuelta.

1.ª vuelta: tejer puntos bajos.

2.ª vuelta: tejer 1 punto bajo, 3 puntos altos en un punto, saltar 1 punto y tejer 1 punto bajo. Proceder del mismo modo hasta el final. Cortar el hilo y rematarlo.

Para el corazón, trabajar 2 puntos de cadeneta. Empezar cada vuelta siguiente con 1 punto de cadeneta de vuelta.

1.ª vuelta: tejer 2 puntos bajos en el primer punto de cadeneta.

2.ª vuelta: tejer 2 puntos bajos en cada uno de los dos puntos de la vuelta precedente = 4 puntos.

3.ª vuelta: duplicar el primer y el último punto bajo = 6 puntos.

4.ª vuelta: duplicar el primer y el último punto bajo = 8 puntos.

5.ª vuelta: tejer 8 puntos bajos.

6.ª vuelta: duplicar el primer y el último punto bajo = 10 puntos.

7.ª vuelta: tejer 10 puntos bajos.

8.ª vuelta: duplicar el primer y el último punto bajo = 12 puntos.

9.ª vuelta: tejer 12 puntos bajos.

Aquí comienza el arco del corazón.

10.ª vuelta: tejer 6 puntos bajos.

11.ª vuelta: tejer juntos los dos primeros y los dos últimos puntos respectivamente = 4 puntos.

12.ª vuelta: tejer juntos los dos primeros y los dos últimos puntos respectivamente = 2 puntos. Cortar el hilo. Para realizar el segundo arco del corazón, empezar de nuevo en el centro y tejer la 10.ª vuelta con los 6 puntos restantes, igual que en el primer arco del corazón. Repetir lo mismo con las vueltas n.ᵒˢ 11 y 12. Cortar el hilo y cambiar el color. Contornear el corazón con un borde de puntos bajos.

Plegar 2 cm hacia dentro los cantos largos del rectángulo de tela y plancharlos. Coser el borde de conchas de ganchillo en la tela. Luego coser el rectángulo formando un anillo. Por último, coser el corazón a mano en la tela y envolver el vaso de cristal con la funda terminada.

Niños, mañana llegan los regalos

Materiales

- Tela con 5 diseños distintos, 30 cm de cada diseño
- Tela de tono claro para los botones
- Entretela adhesiva de tela, 1 m
- 24 botones para forrar, de 2,5 cm Ø aprox.
- Hilo de bordar para los números
- Lana para las flores de ganchillo y el borde de conchas de ganchillo

Corte

En las medidas de corte y en el patrón se incluye un margen de costura de 0,75 cm aprox.

Para 1 saquito

- 2 rectángulos para la base, de 14 x 20 cm (uno de ellos va reforzado con entretela adhesiva de tela)
- 2 rectángulos para el bolsillo, de 13 x 14 cm (uno de ellos va reforzado con entretela adhesiva de tela)

Esquema de ganchillo

Significado de los signos de ganchillo

- · = 1 punto de cadeneta
- ⌒ = 1 punto enano
- ǀ = 1 punto bajo
- † = 1 punto alto

Instrucciones de costura

Alinear los dos rectángulos para el bolsillo, derecho con derecho. Con ayuda del patrón, dibujar el arco hasta la línea discontinua y recortar exactamente por la línea dibujada. Cortar hasta el margen de costura, dar la vuelta y planchar.

Montar el bolsillo terminado sobre el rectángulo para la base reforzado con entretela. Colocar superpuesto el segundo rectángulo, derecho con derecho, y pespuntear alrededor, dejando una abertura para dar la vuelta. Volver la pieza y cerrar la abertura a mano.

Bordar los números, del 1 al 24, en la tela de tono claro. Forrar los botones con estas telas bordadas.

Instrucciones de ganchillo

Trabajar 4 puntos de cadeneta para cada una de las 24 flores de los botones y cerrar la cadeneta en forma de anillo. Tejer 5 puntos de cadeneta (los 3 primeros puntos cuentan como el primer punto alto), *tejer 1 punto alto en el anillo, trabajar 2 puntos de cadeneta y repetir cinco veces a partir del *. Cerrar el anillo con 1 punto enano tejido en el tercer punto de cadeneta. Después, cortar el hilo.

Comenzar de nuevo con un hilo de otro color sobre 1 punto alto, tejer 1 punto de cadeneta, 3 puntos altos y 1 punto bajo en el arco de puntos de cadeneta, luego trabajar *1 punto bajo, 3 puntos altos, 1 punto bajo en el arco de puntos de cadeneta y repetir cinco veces a partir del *. Cerrar la vuelta tejiendo 1 punto enano en el primer punto de cadeneta. Cortar el hilo y rematar.

Terminación

Coser los botones forrados sobre las flores de ganchillo. Para terminar, las flores con botón se colocan y se cosen a mano en cada saquito del calendario de Adviento.

OTROS TÍTULOS PUBLICADOS